Les Convivialistes
Das konvivialistische Manifest

X TEXTE

Frank Adloff hat den Lehrstuhl für Allgemeine und Kultur-soziologie an der Universität Erlangen-Nürnberg inne. Er war u.a. Fellow am Käte Hamburger Kolleg / Centre for Global Cooperation Research in Duisburg.

Claus Leggewie ist Direktor des Kulturwissenschaftlichen Instituts Essen und Co-Direktor des Käte Hamburger Kollegs / Centre for Global Cooperation Research in Duisburg. Er ist Mitglied des Wissenschaftlichen Beirats der Bundesregierung Globale Umweltveränderungen (WBGU).

LES CONVIVIALISTES

Das konvivialistische Manifest
Für eine neue Kunst des Zusammenlebens

Herausgegeben von FRANK ADLOFF und CLAUS LEGGEWIE
in Zusammenarbeit mit dem Käte Hamburger Kolleg /
Centre for Global Cooperation Research Duisburg

Übersetzt aus dem Französischen von EVA MOLDENHAUER

[transcript]

GEFÖRDERT VOM

Centre for
**Global
Cooperation
Research**

**Bibliografische Information
der Deutschen Nationalbibliothek**
Die Deutsche Nationalbibliothek verzeichnet diese
Publikation in der Deutschen Nationalbibliografie;
detaillierte bibliografische Daten sind im Internet
über http://dnb.d-nb.de abrufbar.

Umschlaggestaltung: Kordula Röckenhaus, Bielefeld
Redaktion: Christine Unrau
Korrektorat: Julia Wieczorek
Druck: CPI – Clausen & Bosse, Leck
Print-ISBN 978-3-8376-2898-2
PDF-ISBN 978-3-8394-2898-6
EPUB-ISBN 978-3-7328-2898-2

**Diskutieren und verbreiten Sie das Manifest!
Das kostenlose E-Book des Manifestes und weitere Infos
zum Lesen und Herunterladen finden Sie unter:
www.diekonvivialisten.de**

Inhalt

»Es gibt schon ein richtiges Leben im falschen.«
Konvivialismus – zum Hintergrund einer Debatte
Frank Adloff | 7

Das konvivialistische Manifest
Für eine neue Kunst des Zusammenlebens | 33

Einleitung | 39
Die gegenwärtigen Bedrohungen | 40
Die Verheißungen der Gegenwart | 41

Kapitel I
Die zentrale Herausforderung | 44
Die Mutter aller Bedrohungen | 45
Die bestehenden Antworten | 46

Kapitel II
Die vier (und eine) Grundfragen | 50
Einige Denkaufgaben | 52

Kapitel III
Über Konvivialismus | 59
Allgemeine Überlegungen | 61

Kapitel IV
Moralische, politische, ökologische
und ökonomische Überlegungen | 63
Moralische Überlegungen | 63
Politische Überlegungen | 64
Ökologische Überlegungen | 67
Ökonomische Überlegungen | 68

Kapitel V
Und konkreter? | 71
Was tun? | 72
Bruch und Übergang | 74

»Es gibt schon ein richtiges Leben im falschen.«

Konvivialismus – zum Hintergrund einer Debatte

von Frank Adloff

Im Jahr 1972 erschien der Bericht an den Club of Rome »Die Grenzen des Wachstums«, den das Exekutivkomitee des Club of Rome wie folgt kommentierte: »Wir sind überzeugt, dass eine klare Vorstellung über die quantitativen Grenzen unseres Lebensraums und die tragischen Konsequenzen eines Überschießens seiner Belastbarkeit dafür wesentlich ist, neue Denkgewohnheiten zu entwickeln, die zu einer grundsätzlichen Änderung menschlichen Verhaltens und damit auch der Gesamtstruktur der gegenwärtigen Gesellschaft führen.« (Meadows et al. 1972) Diese Einschätzung und implizite Warnung hat nichts an Aktualität verloren – im Gegenteil. Der Klimawandel wird in seinen ökologischen und sozialen Auswirkungen immer konkreter und rückt in fassbare Nähe, die Endlichkeit fossiler Ressourcen ist keine abstrakte Größe mehr, das Artensterben schreitet voran, ökologisch motivierte Bewegungen und Parteien sind in einer Vielzahl von Ländern über die letzten Jahrzehnte gegründet worden, und die Menschheit scheint allmählich zu begreifen, dass großer Handlungsbedarf besteht. Doch zu wenig geschieht bisher auf globaler Ebene. Die dringend gebotene globale Kooperation der Staatengemeinschaft, die es bräuchte, um dem Klimawandel entschlossen gegenüberzutreten, stagniert seit Jahren. Hinzu kommen weitere massive Bedrohungen eines friedlichen und gerechten menschlichen Zusammenlebens: Große Teile Afrikas werden von Kriegen, korrupten Regierungen, Hunger und Vertreibung zerrüttet; die sozialen Ungleichheiten wachsen in vielen Ländern dramatisch, und die Wirtschafts-, Staatsverschuldungs- und Finanzkrise ist längst nicht überwunden. Das Projekt Demokratie ist vielerorts auf entkernte formale Prozeduren reduziert, und wir sind auch weiterhin Zeugen von Terrorismus, Bürger- und ethnischen Kriegen.

In dieser Situation hat eine Gruppe von hauptsächlich französischen Wissenschaftlern und Intellektuellen ein Manifest herausgegeben, das von Umkehr und einer positiven Vision des Zusammenlebens spricht: das konvivialistische Manifest. Nur eine weitere wohlfeile Kritik der Gesellschaft und ein gut gemeinter Appell zum Wandel? Was bewirkt schon der Aufruf einiger Philosophen und Sozialwissenschaftler, wird man fragen wollen und müssen.

Die Besonderheit des vorliegenden Manifests besteht darin, dass sich eine große Gruppe von Wissenschaftlerinnen und Wissenschaftlern ganz unterschiedlicher politischer Überzeugungen auf einen Text einigen konnte, der in groben Zügen benennt, welche Fehlentwicklungen zeitgenössische Gesellschaften durchlaufen. Hier identifiziert das Manifest zwei Hauptursachen: den Primat des utilitaristischen, also eigennutzorientierten Denkens und Handelns und die Verabsolutierung des Glaubens an die selig machende Wirkung wirtschaftlichen Wachstums. Zum anderen wird diesen Entwicklungen eine positive Vision des guten Lebens entgegengestellt: Es gehe zuallererst darum, auf die Qualität sozialer Beziehungen und der Beziehung zur Natur zu achten. Dazu wird der Begriff des Konvivialismus (con-vivere, lat.: zusammenleben) herangezogen. Der Begriff soll anzeigen, dass es darauf ankomme, eine neue Philosophie und praktische Formen des friedlichen Miteinanders zu entwickeln. Das Manifest will deutlich machen, dass eine andere Welt möglich – denn es gibt schon viele Formen konvivialen Zusammenlebens –, aber auch angesichts oben genannter Krisenszenarien absolut notwendig ist (wie eindringlich auf der Website der Konvivialisten herausgestellt wird, siehe www.lesconvivialistes.fr).

Der vorliegende Text ist das Ergebnis von Diskussionen, die anderthalb Jahre zwischen etwa 40 französischsprachigen Personen geführt wurden, so dass der Text nicht als das geistige Eigentum Einzelner gelten kann. Wie in der Einleitung des Manifests betont wird, besteht die große Leistung zunächst darin, dass man tatsächlich eine Einigung erzielen konnte, obwohl die Autoren und Autorinnen ansonsten bei einer großen Zahl von Themen ganz unterschiedlicher Auffassung sind. Dabei haben auch international bekannte Wissenschaftler und Intellektuelle wie Chantal Mouffe, Edgar Morin, Serge Latouche, Eva Illouz und Ève Chiapello mitgewirkt und das Manifest erstunterzeichnet. Politisch reicht das Spektrum vom Linkskatholizismus, über sozialistische und alternativ-ökonomische Perspektiven zu Mitgliedern von Attac hin zu Intellektuellen aus dem Umfeld des Poststrukturalismus. Auch international einflussreiche öffentliche Intellektuelle wie Jeffrey Alexander, Robert Bellah, Luc Boltanski, Axel Honneth und Hans Joas zählen mittlerweile zu den Unterzeichnern. Darüber hinaus, und dies scheint mir für die Frage nach einer politischen Wirkung des Texts besonders relevant zu sein, wurde das Manifest auch von vielen zivilgesellschaftlichen Organisationen und Initiativen in Frankreich unterzeichnet.

Die Initiative zu dem Manifest geht auf ein Kolloquium in Japan aus dem Jahr 2010 zurück. Unter dem Titel »De la convivialité. Dialogues sur la societé conviviale à venir« erschienen dazu 2011 die Kolloquiumsbeiträge von Alain Caillé, Marc Humbert, Serge Latouche und Patrick Viveret. Zusammen mit Alain Caillés kleinem Band »Pour un manifeste du convivialisme« (ebenfalls 2011 erschienen) gaben die Beiträge den Anstoß zur Debatte um den Konvivialismus.

Auf dem Kolloquium in Tokio wurden die Begriffe Konvivialität und Konvivialismus unter starker Bezugnahme auf die Schriften von Ivan Illich diskutiert. Der österreichisch-amerikanische Philosoph und Autor (1926-2002) war ein radikaler Technik- und Wachstumskritiker und führte 1975 in seinem Buch »Selbstbegrenzung« (im Orig.: »Tools for Conviviality«) eben diesen Begriff ein. Das Buch fand eine große internationale Resonanz und wurde in Frankreich von André Gorz bekannt gemacht. Ähnlich wie dem mit Illich befreundeten Erich Fromm ging es Illich um die technik- und kapitalismuskritische Wiederherstellung des Primats des ›Seins‹ vor dem ›Haben‹. Illich führt den Begriff »konvivial« ein, um eine Gesellschaft zu bezeichnen, die ihren Werkzeugen (dies können Techniken, aber auch Institutionen sein) vernünftige Wachstumsbegrenzungen auferlegt. Wird einer Technik keine Wachstumsbeschränkung auferlegt, zeigt sie nach Illich die Tendenz, dass ihre Leistungen sich ins Gegenteil verkehren. So sind Wissenschaft und Technik heute nicht mehr allein Problemlöser, sondern auch Produzenten von Problemen, worauf dann mit noch mehr Technik geantwortet wird. Auf diese Weise überschreiten gesellschaftliche Werkzeuge eine Schwelle und beschneiden individuelle Freiheit. Wenn bspw. in amerikanischen Städten wie Los Angeles das Auto zur einzigen Fortbewegungsmöglichkeit geworden ist, da man weder Fahrrad und Bus fahren noch zu Fuß gehen kann, dann hat sich innerhalb der Verkehrsinfrastruktur ein radikales

Monopol von Automobilen herausgebildet, dem man sich nicht mehr entziehen kann und das die individuelle Freiheit unterminiert. Die Kontrolle über die gesellschaftlichen Werkzeuge sollte nach Illich nicht in den Händen von solchen Infrastrukturen und Expertensystemen liegen, sondern in denen der Allgemeinheit; nur so ist Konvivialität erreichbar. Dazu bedarf es aber einer radikalen Umgestaltung der gesellschaftlichen Institutionen nach konvivialen Kriterien.

Eine zweite, viel ältere Wurzel des Begriffs der Konvivialität findet sich an einer ganz anderen Stelle: Der Wachstumskritiker Serge Latouche (2011: 66) weist darauf hin, dass der Begriff zuerst im frühen 19. Jahrhundert von dem Gastronomen und Philosophen Jean Anthèlme Brillat-Savarin erfunden und geprägt wurde. Brillat-Savarin benennt in seinem Buch »La physiologie du goût, ou Méditations de gastronomie transcendante« (1825) damit die Freude des Beisammenseins, der guten und freundschaftlichen Kommunikation im Rahmen einer Tischgesellschaft. Konvivialität beschreibt also den freundlichen Umgang, den Menschen untereinander pflegen können, sowie ein freiheitliches Verhältnis, das sie zu den »Dingen« (seien es Gegenstände, Infrastrukturen, Institutionen oder Techniken) haben können (vgl. Humbert 2011). Im Alltagsgebrauch der französischen Sprache ist der Ausdruck »convivial« ebenfalls fest etabliert.

Dem Band »De la convivialité« lassen sich zwei weitere Diskursstränge entnehmen, die in die Formulierung der konvivialistischen Vision einflossen. Zum einen das anti-utilitaristische Denken von Alain Caillé (und Marcel Mauss), zum anderen die Wachstums- und Ökonomiekritik von Patrick Viveret und Serge Latouche. Der Philosoph Viveret (geb. 1948) arbeitet seit geraumer Zeit an einer Neudefinition von Reichtum und Wohlstand und verfasste schon mehrere Berichte für die französische Regierung. Für ihn besteht die Wurzel der gegenwärtigen Krise in der strukturellen Maßlosigkeit des Produktivismus der Moderne, sowohl in seiner kapitalistischen als auch in seiner sozialistischen Variante (Viveret 2011). Andere Kriterien des guten Lebens und des Wohlstands seien nun dringend gefordert, um die Fixierung auf ökonomisches Wachstum zu durchbrechen. Insbesondere die Maßzahl des Bruttoinlandsprodukts (BIP) muss nach Viveret neu überdacht werden. Prominentester Vertreter der Forderung nach einer Wachstumsrücknahme (*décroissance*[1], *degrowth*) ist der Ökonom Serge Latouche (geb. 1940). Er tritt ein für eine Gesellschaft des einfachen Wohlstands (*societé d'abondance frugale*) und wie Viveret für eine Neudefinition von Reichtum, die sich konkret gegen die ökonomische Quantifizierungslogik des BIP richtet, da diese Wohlstand allein materiell und monetär definiert (Latouche 2009, 2011). Eine konviviale Gesell-

---

1 | Mit »décroissance« wurde zuerst eine Aufsatzsammlung von Nicholas Georgescu-Roegen (1979) zu Entropie, Wirtschaft und Ökologie im Französischen betitelt.

schaft muss aus seiner Sicht die Idee des ökonomischen Wachstums radikal in Frage stellen und sich selbst begrenzen. Neue Formen des Wirtschaftens sind gefordert, die den Kreislauf der permanenten Kreation von immer mehr und prinzipiell unbegrenzten Bedürfnissen durchbrechen. Serge Latouche (2011: 61ff.; 2010) plädiert stattdessen für einen neuen ökonomischen *circulus virtuosus* des Maßhaltens, der mit acht Begriffen umschrieben werden kann: neu bewerten, umdenken, umstrukturieren, lokalisieren, umverteilen, reduzieren, wiederverwenden, recyceln. Wachstum bloß um des Wachstums willen kann hingegen als Religion der Ökonomie bezeichnet werden. Deshalb könnte man, so betont Latouche, sein Konzept auch im Englischen als »a-growth« (so wie man von A-Theismus spricht) bezeichnen, um deutlich zu machen, dass es auch um die mentale Überwindung der Religion des Ökonomischen und des Konzepts des *homo oeconomicus* geht. Die Irrationalität dieses Glaubens zeige sich auch in der Tatsache, dass es keinen klaren positiven Zusammenhang zwischen monetärem Wohlstand und Glück und Zufriedenheit gibt.

Die Wurzeln der Idee von der Wachstumsrücknahme liegen einerseits in Auseinandersetzungen mit der ökologischen Krise und stammen andererseits aus dem Umfeld der Entwicklungspolitik, wo unter dem Begriff des *post-development* (wiederum an Illich anschließend) die Modernisierung des Südens entlang der westlich-ökonomischen Wachstums- und Entwicklungslogik kritisiert wird.

Latouches *degrowth* bezeichnet allerdings keine monolithische Alternative zum bestehenden Kapitalismus, vor allem auch keine Ökonomie ohne Märkte, sondern »a matrix of alternatives which re-opens a space for creativity by raising the heavy blanket of economic totalitarianism« (Latouche 2010: 520). Zu dieser Matrix zählen etwa der Nonprofit-Sektor, Sozial- und solidarische Ökonomie, Tauschringe oder regionale Währungen. Allerdings kann in den bestehenden Kulturen und Gesellschaftsstrukturen nicht einfach das Konzept des *degrowth* eingeführt werden – zu groß wären die sozialen Verwerfungen, solange noch die Legitimität gesellschaftlicher Basisinstitutionen (Arbeit, soziale Sicherheit, Demokratie, Selbstverwirklichung) vom Wachstum abhängen. Eine vom Wachstum abhängige Gesellschaft kann sich die Rücknahme des Wachstums nur als Katastrophe vorstellen: »Degrowth is thus possible only in a ›society of degrowth‹« (ibid.: 521). Ohne Abrücken vom Produktivismus, ohne Reduktion der Arbeitszeit, des Konsums und der Konsumwünsche kann Latouches Vision nicht funktionieren. Doch ist für ihn eine solche Selbstbegrenzung nicht nur eine Möglichkeit, sondern auch eine Notwendigkeit angesichts anstehender sozialer und ökologischer Krisen.

Auf welcher sozialen Logik kann dann Selbstbegrenzung beruhen, was ist die Alternative zum Streben nach Gewinn, Wachstum und Konsum? Auf welche Handlungslogik könnte sich eine konviviale Gesellschaft stützen? Diesen Fragen geht vor allem Alain Caillé (geb. 1944,

Professor für Soziologie an der Universität Paris X) nach, der als der eigentliche *spiritus rector* des konvivialistischen Manifests gelten kann (auch wenn er dies in seiner Bescheidenheit niemals zugeben würde) und der durch die begriffliche Transformation von konvivialen Ideen hin zum Konvivia*lismus* politisches Konzept und Bewegung geprägt hat. Für ihn lautet die alles entscheidende Frage, wie Menschen ohne Gemeinschafts- und Konformitätszwang zusammenleben können, und ohne sich (in seinen Worten) gegenseitig niederzumetzeln. Eine Antwort erblickt Caillé im »Paradigma der Gabe«, das er in den letzten 20 Jahren maßgeblich mitentwickelt hat und das er auf den Soziologen und Ethnologen Marcel Mauss (1872-1950) zurückführt. Mauss beschrieb, wie der Austausch von Gaben zwischen Gruppen von Menschen diese zu Verbündeten macht, ohne ihre prinzipielle Agonalität, also ihre kämpferische Auseinandersetzung aufzuheben. In der agonalen Gabe erkennen sich Menschen als Menschen gegenseitig an und bestätigen sich wechselseitig ihrer Wertschätzung. Der Konvivialismus greift diesen Gedanken auf und betont, dass allein die Anerkennung einer gemeinsamen Menschheit und einer allen gemeinsamen Sozialität die Basis für ein konviviales globales Zusammenleben sein kann (Caillé 2011a: 21). Radikale und universelle Gleichheit ist für Caillé mithin eine Bedingung konvivialen Zusammenlebens, was ihn (2011b) dazu bringt, zweierlei Einkommensbeschränkungen zu fordern: ein Minimum und ein Maximum. Niemand sollte unter ein Einkommensminimum fallen, und niemand hat das Recht, unbegrenzten Reichtum anzuhäufen.

Bevor Caillés konkrete Vorarbeiten für das Manifest weiter ausgeführt werden, soll ein kurzer Blick auf seine vorhergehenden Arbeiten geworfen werden, um besser nachvollziehen zu können, was es mit der »Logik der Gabe« auf sich hat und welche Rolle der schon erwähnte Marcel Mauss für das konvivialistische Projekt spielt. Caillé gilt nämlich auch als der geistige Kopf der sog. M.A.U.S.S.-Bewegung (»Mouvement Anti-Utilitariste dans les Sciences Sociales« bzw. »Anti-utilitaristische Bewegung in den Sozialwissenschaften«). Zusammen mit Gérald Berthoud und weiteren französischsprachigen Wissenschaftlern aus Frankreich, Kanada und der Schweiz gründete er Anfang der 1980er Jahre unter diesem Namen ein loses wissenschaftliches Netzwerk. Während in der Gründungsphase zunächst nur ein schmaler Newsletter, das *Bulletin du MAUSS* (1982-1988), den Verständigungsprozess innerhalb der Gruppe dokumentierte, wurde in den Jahren 1987/88 daraus die *Revue du MAUSS*, deren Hefte seither zweimal im Jahr erscheinen. In der Zeitschrift wird Marcel Mauss' Gabentheorie vorangetrieben und Mauss zugleich dazu genutzt, eine handlungstheoretische Alternative zu existierenden soziologischen Paradigmen aufzubauen.

Die meisten dieser theoretischen Gedanken beruhen auf Marcel Mauss' Essay *Die Gabe* aus dem Jahr 1924, seiner zweifellos berühmtesten Publikation (Mauss 1978 [1924]).

Dort synthetisiert Mauss die ethnologische Forschung seiner Zeit (etwa von Franz Boas und Bronislaw Malinowski) und entfaltet die These, dass archaische und vormoderne Gesellschaften sich symbolisch und sozial über den Zyklus von Geben, Annehmen und Erwidern reproduzieren. Die dargereichten Gaben zwischen Gruppen erscheinen Mauss zufolge auf den ersten Blick als freiwillig, haben jedoch einen ausgesprochen verpflichtenden Charakter und sind zyklisch aufeinander bezogen. Der Charakter der Gabe – so Mauss – ist ambivalent, bewegt sich der Gabentausch doch zwischen dem Pol der Freiwilligkeit und Spontaneität auf der einen und dem Pol der sozialen Verpflichtung auf der anderen Seite. Das Geben einer Gabe ist ein zutiefst mehrdeutiger Prozess, der von Mauss nicht ökonomistisch durch Eigennutz oder moralistisch als rein altruistisches Geben verstanden wird. Stattdessen betont Mauss die geradezu agonale Seite des Gebens: Man kann eine Gabe nicht ignorieren, man muss auf sie wie auf eine Herausforderung reagieren, die man entweder erwidert oder deren Erwiderung man verweigert (was ebenfalls einer Erwiderung gleichkommt: nur einer negativen).

Mauss wollte mit seinem Essay *Die Gabe* keineswegs nur Beschreibungen und Erklärungen der Strukturen vormoderner Gesellschaften liefern. Seine Ambitionen waren größer, er verfolgte eine Art Archäologie: erstens die ihn damals umgebenden vormodernen Gesellschaften zu untersuchen, zweitens die Vorläufer unserer modernen Gesellschaft zu beschreiben und drittens soziologisch nachzuweisen, dass die Moral und Ökonomie der Gabe »sozusagen unterschwellig auch noch in unseren eigenen Gesellschaften wirken« und sie einen der »Felsen« bilden, »auf denen unsere Gesellschaften ruhen« (Mauss 1978: 14). Mauss hatte somit also durchaus auch gegenwartsbezogene Fragen im Blick, stand er doch in der französischen Tradition der Kritik des Utilitarismus und sympathisierte stark mit der Genossenschaftsbewegung und anderen Konzepten und Praktiken autonomer Selbstverwaltung (Fournier 2006: 106ff.). Seine politischen Interventionen basierten dabei auf der doppelten Kritik am utilitaristischen Individualismus einerseits und am bolschewistischen Staatszentrismus andererseits (vgl. Chiozzi 1983). Mauss ging es um ein drittes Prinzip: um Solidarität als eine Form wechselseitiger Anerkennung durch Gabentausch, welche auf sozialen Bindungen und wechselseitigen Verschuldungen beruht. Die Krux lag für ihn darin, dass die modernen Sozialbeziehungen zunehmend dem Modell des Tausches, des Marktes und des Vertrags folgen: »Erst unsere westlichen Gesellschaften haben, vor relativ kurzer Zeit, den Menschen zu einem ›ökonomischen Tier‹ gemacht. Doch sind wir noch nicht alle Wesen dieser Art. [...] Der *homo oeconomicus* liegt nicht hinter uns, sondern vor uns [...]« (Mauss 1978: 135). Im Unterschied zu späteren modernisierungs- und differenzierungstheoretischen Ansätzen ging Mauss also davon aus, dass auch in modernen Marktgesellschaften die praktische Logik der Gabe nicht vollständig ausgelöscht wird und sie einen »Felsen« der Moral zu bilden vermag.

Die Motive der Gabe lassen sich nach Caillé in einem Viereck aus »Interesse an« und »Interesse für«, aus Pflicht und Spontaneität aufspannen.[2] Die Gegenüberstellung zwi-

---

2 | In einem älteren Text führt Caillé (1994) die Missverständnisse, die in der Interpretation der Mauss'schen Gabentheorie entstanden sind, darauf zurück, dass handlungstheoretisch oft nicht sauber zwischen einem utilitaristischen »Interesse an« und einem spielerischen »Interesse für« unterschieden wurde, wodurch man dann vorschnell auf die (egoistische) Nutzenorientierung der am Gabentausch Beteiligten schloss. In gleicher Weise wird dann bei der Analyse des Gabentausches oft die moralische Pflicht (à la Kant), etwas zu tun (beispielsweise etwas zurückzugeben), betont, ohne zu sehen, dass dieser Pflicht auch ein Aspekt der Freiwilligkeit und Spontaneität zugeordnet ist. Bedeutende Interpreten Mauss' wie Claude Lévi-Strauss und Pierre Bourdieu haben diese Vieldimensionalität der Gabe übersehen. Sie wird auch in den Ansätzen systematisch ignoriert, die – entsprechend der vorherrschenden Dichotomie im Bereich der Sozialtheorie – aufeinander bezogenes und reziprokes Handeln entweder auf instrumentelle Rationalität (vgl. Blau 1964; Coleman 1991) zurückführen oder als Befolgung von normativen Regeln (vgl. Gouldner 1984) verstehen. Genau diese Blindstelle erfordert dann auch – so Caillé – die Entwicklung eines dritten Paradigmas (vgl. auch Adloff/Mau 2006).

schen Pflicht und Spontaneität findet sich auch in anderen Texten Caillés; die Polarität zwischen »Interesse an« und »Interesse für« versucht Caillé allerdings immer wieder mit Hilfe neuer, ihm angemessener scheinender Begriffe zu reformulieren: So stellt er (2008, 2009) der Eigennützigkeit eine Form von Freundschaft(-lichkeit) gegenüber, die er *aimance* nennt.

Für Caillé (und Mauss) spielt sich das Geben in einem solchen spannungsgeladenen »Viereck« ab. Dies wird mittlerweile auch von anderen Autoren so gesehen, etwa wenn Marcel Hénaff (2009) betont, dass die Mauss'sche zeremonielle Gabe nicht mit einer ökonomischen Gabe, aber auch nicht mit einer altruistisch-moralischen Gabe verwechselt werden darf. Gaben und Vertrauen sind mithin fundamental bedeutsam für die Kooperation von Handelnden und die Herstellung von sozialer Ordnung überhaupt, und sie können es nur deshalb sein, da sie paradoxerweise obligatorisch und frei, eigennützig und uneigennützig sind. Das Geben beinhaltet immer auch das Risiko, dass der Bindungsversuch fehlschlägt. Gesellschaft und Gemeinschaft kommen also größtenteils nur dadurch zustande, dass Gabenbeziehungen sowohl auf der Ebene von Mikrointeraktionen als auch auf der gesellschaftlichen Meso- und Makroebene wirksam werden. Die Gabe ist für Caillé vor allem in den Geselligkeitsformen auffindbar, die zwischen Verwandten, Bekannten, Freunden und Kollegen bestehen. In dieser primären Sozialität dominiert die Gabe sogar;

sie ist dem menschlichen Leben inhärent und ermöglicht gleichsam Entwicklung und Wachstum. Die sekundäre Sozialität erweitert diese erste Orientierung der Menschen: Sie konstituiert vor allem über anonymisierte, unpersönliche Beziehungen ein Verhältnis zur Gesamtgesellschaft und zum öffentlichen Raum – und der Gabenlogik fällt es hier schwerer Fuß zu fassen, wenngleich sie auch hier nicht verschwindet.

Caillé entwickelte sich mehr und mehr vom Sozialtheoretiker zum reformorientierten, politischen Protagonisten der M.A.U.S.S.-Bewegung, zum Verfechter eines »Dritten Wegs« jenseits der Verabsolutierung von Staat und Markt. Seit Ende der 1990er Jahre ergreift er in politischen Debatten das Wort, zumal er von der Relevanz des Gabe-Diskurses für die Thematisierung praktischer sozialpolitischer Probleme überzeugt ist, wie sie bspw. in der Debatte um ein Grundeinkommen, um die Verkürzung der Arbeitszeit, um die Stärkung der Zivilgesellschaft oder im Rahmen der Globalisierungskritik angesprochen werden. In alternativen, zivilgesellschaftlich organisierten Wirtschaftsformen erblickt er beispielsweise die Möglichkeit, nicht-kapitalistische Weisen des Gütertransfers mit dem Anerkennungs- und Bündnischarakter der Gabe zu verbinden. Dabei geht es ihm nicht um die Ersetzung der kapitalistischen Wirtschaftsweise, sondern um deren Ergänzung um alternative Austauschformen. Eine freiwillige Assoziation ist für Caillé etwa dadurch gekennzeichnet, dass zwei oder mehr

Personen ihre materiellen Ressourcen, ihr Wissen und ihre Aktivität für einen Zweck poolen, der nicht primär in der Profiterzielung liegt (Caillé 2000). Auf diese Weise verbindet sich für ihn der Bereich der Zivilgesellschaft mit der Möglichkeit, Formen der primären Sozialität der Gabe in den öffentlichen Raum zu überführen.

Die Idee des Wachstums und materiellen Wohlstands ist für Caillé (2011b: 34f.), und damit kommen wir zur Debatte um den Konvivialismus zurück, eine Projektionsfläche für alle möglichen Hoffnungen und Ängste. Hoffnungen auf Prosperität integrieren Gesellschaften, auch wenn sich diese Hoffnungen als irreführend erweisen. Was passiert, wenn hohe Wachstumsraten (zumindest in den westlichen Gesellschaften) ein für allemal der Vergangenheit angehören, wenn Arbeitslosigkeit nicht durch Wachstum minimiert werden kann, wenn die sozialen Ungleichheiten weiter steigen, wenn Arbeitseinkommen kaum zum Leben reichen?[3] Die Antwort kann für Caillé nur lauten,

---

3 | Einige Fakten vermögen das eigentlich schon hinlänglich bekannte Problem zu verdeutlichen: Soziale Ungleichheit hat seit den 1980er Jahren in den westlichen Gesellschaften massiv zugenommen, und dies sowohl in Zeiten der Rezession als auch des Booms; auch Beschäftigungswachstum hat daran nichts geändert (vgl. Mau 2012: 52). In Deutschland gibt es seitdem mehr Ungleichheit *trotz* Wachstum. Die Einkommen konzentrieren sich zunehmend im Top-Segment der Verdiener, besonders augenfällig

dass materieller Wohlstand und die Vorstellung vom guten Leben zu entkoppeln sind. Dem materiellen Kalkül wären der Wert der Demokratie und des konvivialen Zusammenlebens als Selbstzwecke gegenüberzustellen. Dies käme durchaus einer moralischen Revolte gleich, da es um die Entwicklung neuer Sinnbezüge geht, wie dies ja auch Viveret und Latouche hervorheben. Diese Sinnbezüge werden jedoch nicht von außen durch die Theoretiker des Konvivialismus an die Gesellschaften herangetragen; sie existieren schon allenthalben, müssen allerdings gestärkt werden.

Auf theoretischer Ebene strebt der Konvivialismus eine Synthese verschiedener einflussreicher politischer Ideologien an: eine Synthese von Liberalismus, Sozialismus, Kommunismus und Anarchismus. Praktisch wird der Konvivialismus schon in einer Vielzahl von sozialen Konstellationen gelebt: sowieso im familiären und freundschaft-

---

natürlich in der amerikanischen Gesellschaft. Ein amerikanischer Haushalt kommt im Durchschnitt (Median) auf ein Jahreseinkommen von 50.000 Dollar. Einige Hedgefonds-Manager bringen es mittlerweile auf Jahreseinkommen im Milliardenbereich (FAZ vom 06.05.2014): David Tepper, der den Hedgefonds Appaloosa Management gründete und führt, verdiente im Jahr 2013 3,5 Milliarden Dollar und kommt damit auf rund 10 Millionen Dollar am Tag! Insgesamt verdienten die 25 erfolgreichsten Hedgefonds-Manager mehr als 21 Milliarden Dollar – das entspricht in etwa dem BIP von Zypern oder von Honduras im Jahr 2013.

lichen Rahmen, in dem nach wie vor die Logik der Gabe und nicht die des utilitaristischen Kalküls zählt. Dann in hunderttausenden von assoziativen Projekten der Zivilgesellschaft weltweit, im freiwilligen Engagement, im Dritten Sektor, in der solidarischen Ökonomie, in Kooperativen und Genossenschaften, im moralischen Konsum, in NGOs, in *peer to peer*-Netzwerken, Wikipedia, sozialen Bewegungen, Fair Trade, der Commons-Bewegung und vielem mehr. Menschen interessieren sich nicht nur für sich selbst, sie sind auch an anderen interessiert, sie können sich spontan und empathisch für andere einsetzen. Und die Organisationsweise dieses Typs von Handeln *par excellence* ist die freie zivilgesellschaftliche Assoziation, in dem vor allem das Prinzip der Unentgeltlichkeit, des reziproken Gebens und Nehmens zum Tragen kommt (vgl. Adloff 2005). Für Caillé und andere Konvivialisten ist dies entscheidend: Man darf nicht (wie der Sozialismus) allein auf staatliche Institutionen setzen; politische Veränderungen laufen nicht nur über Parteien und Staaten. Auch der Liberalismus mit seiner Betonung von Märkten übersieht die Möglichkeiten gesellschaftlicher Selbstorganisation. Die assoziative, zivilgesellschaftliche Selbstorganisation von Menschen ist hingegen entscheidend für die Theorie und Praxis der Konvivialität. Der unentgeltliche freie Austausch unter den Menschen kann als Basis einer konvivialen sozialen Ordnung gelten, die sich abgrenzt von einer allein materiell und quantitativ-monetär definierten Version von Wohlstand und des guten Lebens.[4]

Der Zugang zu gesellschaftlichen Veränderungen ist damit grundsätzlich pluralistisch gedacht. Es wird nicht eine einzelne soziale Trägergruppe identifiziert (eine Klasse oder eine soziale Bewegung), die die Veränderung bringen soll. Viele Wege sind zu eröffnen und zu gehen, Wege, denen gemeinsam ist, dass sie der Ökonomisierung des Lebens etwas entgegenstellen. Der Pluralismus erstreckt sich für Caillé auch auf das Verhältnis von Menschen untereinander, von Gruppen und Kulturen zueinander: Er plädiert für ein Maximum an Pluralität, das noch möglich ist, ohne den Zusammenhalt zu gefährden, und er plädiert auf ein gleiches Recht auf Verwurzelung wie auf Entwurzelung, auf das Gleichheitsrecht der Kulturen und zugleich auf ihr Recht, sich voneinander radikal zu unterscheiden. Ein relativistischer Universalismus ist mithin gefordert – ein ›Pluriver-

---

4 | Caillé (2011c) betont, dass das Prinzip der freiwilligen Assoziation auf intrinsische Motivationen angewiesen ist. Werden quantifizierende Messinstrumente und monetäre Anreize eingeführt, kann dies zur Aushöhlung der intrinsischen Motive führen. Deshalb steht er auch Verfahren, das BIP definitorisch auszuweiten und alle Formen von Arbeit, also auch unentgeltliche, in einem neuen Indikator aufzunehmen, skeptisch gegenüber. Den sozialen Wert von Aktivitäten zu messen, kann also dazu führen, diesen Wert zu unterminieren. Denn unentgeltliche Aktivitäten haben keinen Preis, und sie wollen auch keinen haben.

salismus‹ (Caillé 2011b: 93). Diese normative Forderung ist politisch hoch relevant: So betont Paul Gilroy (2004: xi), der den Begriff der Konvivialität im Kontext der Multikulturalismusdebatte gebraucht, dass gerade die »radikale Offenheit« des Begriffs wichtig ist, da bspw. der Begriff der (kulturellen) Identität zu schnell zu Verdinglichungen und Essentialisierungen von abgegrenzten Gruppen führe.

Für Caillés Entwurf eines konvivialistischen Manifests ergeben sich aus diesen Argumenten drei Forderungen: 1. Es ist im Namen einer gemeinsamen Menschheit und Sozialität ein Kampf gegen die Maßlosigkeit zu führen, konkret: gegen extreme Armut und extremen Reichtum. Ein bedingungsloses existenzsicherndes Grundeinkommen sowie die maximale Begrenzung von Einkommen sind daher einzuführen. 2. Zwischen den Nationen sollte ein Maximum an Pluralismus und Gleichheit bestehen. Momentan tritt der Westen nicht nur als ein kultureller Hegemon in Erscheinung, er versteht sich auch in den Entwicklungsbeziehungen als derjenige, der den anderen etwas gibt (Entwicklung‹, Geld, Technik, Waffen, Bildung, Demokratie, Literatur etc.). Wechselseitige Anerkennung kann es jedoch nur geben, wenn niemand sich zum alleinigen Geber aufschwingt, sondern sich die Positionen des Gebens und Nehmens gegenseitig abwechseln. 3.) Konvivialität braucht die Autonomie der Gesellschaft, die sich durch zivilgesellschaftliche Assoziationen realisiert.

Das Manifest kann also insgesamt als Aufforderung verstanden werden, sich an der Suche nach »realen Utopien« (vgl. Wright 2012) zu beteiligen, die reformistisch und zugleich radikal dazu beitragen können, Utilitarismus und maßloses Wachstum zu überwinden. Auf den letzten Seiten des Manifests wird ein konvivialistischer *New Deal* gefordert. Ein solcher kann und darf jedoch nicht primär ein sozialplanerisches und expertokratisches Projekt sein. Alle sind aufgerufen, sich kreativ zu beteiligen, ihre Empörung einzubringen und diejenigen zu beschämen, die die Möglichkeit eines konvivialen Zusammenlebens aufs Spiel setzen. Zugegeben: Das klingt sehr naiv, doch darin liegt – so hat es die italienische Philosophin Elena Pulcini pointiert – die besondere Radikalität und Stärke des konvivialistischen Projekts.

Literatur

Adloff, Frank (2005): Zivilgesellschaft. Theorie und politische Praxis. Frankfurt/New York: Campus.

Adloff, Frank/Mau, Steffen (2006): Giving Social Ties: Reciprocity in Modern Society. Archives Européennes de Sociologie, Vol. 47, Nr. 1, S. 93-123.

Blau, Peter (1964): Exchange and Power in Social Life. New York: Wiley.

Brillat-Savarin, Jean Anthèlme (1979 [1825]): Physiologie des Geschmacks oder Betrachtungen über das höhere Tafelvergnügen. Frankfurt a.M.: Insel.

Caillé, Alain (1994): Don, intérêt et désintéressement: Bourdieu, Mauss, Platon et quelques autres. Paris: La Découverte.

Caillé, Alain (2000): Gift and Association. In: Vandevelde, Antoon (ed.): Gifts and Interests. Leuven: Peeters, S. 47-55.

Caillé, Alain (2008): Anthropologie der Gabe. Frankfurt/New York: Campus.

Caillé, Alain (2009): Théorie anti-utilitariste de l'action. Fragments d'une sociologie générale. Paris: La Découverte.

Caillé, Alain (2011a): En guise de prologue. Vers le convivialisme. In: Caillé et al. 2011, S. 15-24.

Caillé, Alain (2011b): Pour un manifeste du convivialisme. Lormont: Le Bord de l'eau.

Caillé, Alain (2011c): Les indicateurs de richesse alternatifs: une fausse bonne idée? Réflexions sur les incertitudes de la gestion par le chiffre. In: Caillé et al. 2011, S. 141-166.

Caillé, Alain/Humbert, Marc/Latouche, Serge/Viveret, Patrick (2011): De la convivialité. Dialogues sur la societé conviviale à venir. Paris: La Découverte.

Chiozzi, Paolo (1983): Marcel Mauss: Eine anthropologische Interpretation des Sozialismus. Kölner Zeitschrift für Soziologie und Sozialpsychologie 35, S. 655-679.

Coleman, James S. (1991): Grundlagen der Sozialtheorie. Band 1: Handlungen und Handlungssysteme. München: R. Oldenbourg.

Fournier, Marcel (2006): Marcel Mauss. A Biography. Princeton: Princeton University Press.

Georgescu-Roegen, Nicholas (1979): Demain la décroissance. Paris: Favre.

Gilroy, Paul (2004): After Empire. Melancholia or Convivial Culture? London: Routledge.

Gouldner, Alvin W. (1984): Reziprozität und Autonomie. Ausgewählte Aufsätze. Frankfurt a.M.: Suhrkamp.

Hénaff, Marcel (2009): Der Preis der Wahrheit. Gabe, Geld und Philosophie. Frankfurt a.M.: Suhrkamp.

Humbert, Marc (2011): Convivialisme, politique et économie. Ivan Illich et le »bien vivre ensemble«. In: Caillé et al. 2011, S. 99-129.

Illich, Ivan (1975): Selbstbegrenzung. Eine politische Kritik der Technik. Reinbek: Rowohlt.

Latouche, Serge (2009): Farewell to Growth. Cambridge: Polity Press.

Latouche, Serge (2010): Degrowth. Journal of Cleaner Production 18, S. 519-522.

Latouche, Serge (2011): La voie de la décroissance. Pour une société d'abondance frugale. In: Caillé et al. 2011, S. 43-72.

Mau, Steffen (2012): Lebenschancen. Wohin driftet die Mittelschicht? Berlin: edition suhrkamp.

Mauss, Marcel (1978 [1924]): Die Gabe. Form und Funktion des Austauschs in archaischen Gesellschaften. In: Ders.: Soziologie und Anthropologie, Band 1. München: Ullstein.

Meadows, Donella H. et al. (1972): Die Grenzen des Wachstums. Stuttgart: Deutsche Verlagsanstalt.

Viveret, Patrick (2011): Stratégies de transition vers le bien-vivre face aux démesures dominantes. In: Caillé et al. 2011, S. 25-41.

Wright, Erik Olin (2012): Transforming Capitalism through Real Utopias. American Sociological Review 78, Nr. 1, S. 1-25.

Das konvivialistische Manifest

Für eine neue Kunst des Zusammenlebens

Claude Alphandéry, Geneviève Ancel, Ana Maria Araujo (Uruguay), Claudine Attias-Donfut, Geneviève Azam, Akram Belkaïd (Algerien), Yann Moulier-Boutang, Fabienne Brugère, Alain Caillé, Barbara Cassin, Philippe Chanial, Hervé Chaygneaud-Dupuy, Eve Chiappello, Denis Clerc, Ana M. Correa (Argentinien), Thomas Coutrot, Jean-Pierre Dupuy, François Flahault, Francesco Fistetti (Italien), Anne-Marie Fixot, Jean-Baptiste de Foucauld, Christophe Fourel, François Fourquet, Philippe Frémeaux, Jean Gadrey, Vincent de Gaulejac, François Gauthier (Schweiz), Sylvie Gendreau (Kanada), Susan George (Vereinigte Staaten), Christiane Girard (Brasilien), François Gollain (Vereinigtes Königreich), Roland Gori, Jean-Claude Guillebaud, Paulo Henrique Martins (Brasilien), Dick Howard (Vereinigte Staaten), Marc Humbert, Éva Illouz (Israel), Ahmet Insel (Türkei), Geneviève Jacques, Florence Jany-Catrice, Hervé Kempf, Elena Lasida, Serge Latouche, Jean-Louis Laville, Camille Laurens, Jacques Lecomte, Didier Livio, Gus Massiah, Dominique Méda, Margie Mendell (Kanada), Pierre-Olivier Monteil, Jacqueline Morand, Edgar Morin, Chantal Mouffe (Vereinigtes Königreich), Osamu Nishitani (Japan), Alfredo Pena-Vega, Bernard Perret, Elena Pulcini (Italien), Ilana Silber (Israel), Roger Sue, Elvia Taracena (Mexiko), Frédéric Vandenberghe (Brasilien), Patrick Viveret, Zhe Ji (China).

Dieses kleine Buch ist das – vorläufige – Ergebnis einer Reihe von Diskussionen, die seit anderthalb Jahren in einer Gruppe von etwa vierzig frankophonen Autoren geführt werden, repräsentativ für die zahlreichen Denkströmungen, die versuchen, die Umrisse einer anderen möglichen Welt zu skizzieren. Nachdem Alain Caillé einen ersten Entwurf geschrieben hatte und bei dieser Gelegenheit etwa zwanzig neue Teilnehmer in die Gruppe eingetreten sind, haben es zahlreiche Veränderungen möglich gemacht, über folgenden Text weitgehend Einigung zu erzielen. Natürlich ist keiner der Unterzeichner mit allen Punkten einverstanden, aber alle waren der Meinung, dass es sich lohnt, etwas zu formulieren, das man annähernd für den größten gemeinsamen Nenner des alternativen Denkens halten darf.

Denn das primäre Verdienst des konvivialistischen Manifests besteht unseres Erachtens darin, dass diese Autoren, die in vielen Punkten häufig gegenteiliger Ansicht sind, es vorzogen, lieber ihre Übereinstimmungen als ihre Meinungsverschiedenheiten zu betonen und herauszustellen, in welchem Bereich und bei welchen Positionen diese Übereinstimmungen sich weiterentwickeln und vertiefen lassen.

Aufgrund der vielen Unterstützungen und der zahlreichen Übersetzungsvorschläge noch vor Erscheinen der Originalfassung, liegt der Gedanke nahe, dass dieses Manifest einem wirklichen Bedürfnis entspricht: zumindest dem Bedürfnis, viele Mitstreiter und damit an Stärke zu gewinnen, um den Regellosigkeiten der Welt massiv entgegenwirken zu können.

Die in diesem Manifest ausgedrückten Ideen sind niemandes Eigentum. Ihr Schicksal hängt von den Lesern ab, ob sie sie erweitern oder in Frage stellen wollen. Alle, die ihre Zustimmung zu den wesentlichen Punkten dieses Manifests bekunden und über seine möglichen Erweiterungen auf dem Laufenden gehalten werden möchten, können sich auf folgender Website einschreiben: www.lesconvivialistes.fr[1]

---

1 | Anm. der Hg.: Auf dieser Website besteht die Möglichkeit, das Manifest zu unterzeichnen und so zu unterstützen.

Einleitung

Noch nie hat die Menschheit über so viele materielle Ressourcen und über so viele technische und wissenschaftliche Kenntnisse verfügt. Global gesehen ist sie so reich und mächtig, wie es sich in den vergangenen Jahrhunderten niemand hätte vorstellen können. Nichts beweist, dass sie glücklicher ist. Doch keiner möchte das Rad zurückdrehen, denn jedermann fühlt, dass jeder Tag neue Möglichkeiten der persönlichen und kollektiven Verwirklichung eröffnet.

Umgekehrt aber glaubt auch niemand, dass diese Anhäufung an Macht sich in einer Logik des unveränderten technischen Fortschritts endlos fortsetzen kann, ohne sich gegen sich selbst zu wenden und ohne das physische und geistige Überleben der Menschheit zu bedrohen. Jeden Tag werden die Anzeichen einer möglichen Katastrophe deutlicher und beunruhigender. Der Zweifel betrifft nur die Frage, was unmittelbar am bedrohlichsten ist und vordringlich zu tun wäre. Bedrohungen und Dringlichkeiten, die wir uns ständig vor Augen halten müssen, wenn wir eine reale Chance haben wollen, die Verheißungen der Gegenwart Wirklichkeit werden zu sehen.

Die gegenwärtigen Bedrohungen

- Die Klimaerwärmung, die Katastrophen und die gigantischen Migrationsströme, die sie nach sich ziehen werden.
- Die teilweise irreversible Störung der Ökosysteme und die Verschmutzung der Luft, die sich in vielen Großstädten wie Peking oder Mexiko kaum noch atmen lässt.
- Die Gefahr einer Atomkatastrophe von noch weit größerem Ausmaß als die von Tschernobyl oder Fukushima.
- Die Verknappung der Energieressourcen (Erdöl, Gas) und der Mineralien oder Nahrungsmittel, die das Wachstum erst ermöglicht haben, sowie der Krieg um diese Ressourcen.
- Der Fortbestand, die Entstehung, die Zunahme oder die Wiederkehr der Arbeitslosigkeit, der Ausgrenzungen und der Armut fast überall in der Welt, besonders im alten Europa, dessen Wohlstand gesichert zu sein schien.
- Die überall maßlos gewordene Kluft zwischen den Ärmsten und den Reichsten. Sie schürt einen Kampf aller gegen alle in einer Logik verallgemeinerter Gier und trägt zum Entstehen von Oligarchien bei, die sich, abgesehen von Lippenbekenntnissen, über die demokratischen Normen hinwegsetzen.

- Das Zerbrechen gewachsener politischer Strukturen oder die Unfähigkeit, neue zu bilden, was zu immer mehr Bürgerkriegen, Stammes- oder interethnischen Konflikten führt.
- Die Aussicht auf eine mögliche Wiederkehr großer zwischenstaatlicher Kriege, die mit Sicherheit noch unendlich mörderischer wären als die bisherigen.
- Die weltweite Entwicklung eines blinden Terrorismus, die Gewalt des Schwachen gegen den Starken.
- Die wachsende soziale, ökologische, öffentliche Unsicherheit, und die als Reaktion darauf erwachsenden Exzesse der Sicherheitsideologien.
- Die zunehmende Verbreitung krimineller Untergrundorganisationen und immer gewalttätigerer Mafiagruppen.
- Deren diffuse und beängstigende Verbindungen zu den Steuerparadiesen und zur spekulativen Hochfinanz.
- Der wachsende Einfluss der spekulativen Hochfinanz auf alle politischen Entscheidungen.

Usw.

Die Verheißungen der Gegenwart

Und dennoch: Wenn alle diese Bedrohungen gebannt wären, welche Möglichkeiten und Perspektiven individueller und kollektiver Entfaltung birgt doch unsere Welt!

- Der Weg zum weltweiten Triumph des demokratischen Prinzips wird sehr viel länger und komplexer sein, als sich manche nach dem Fall der Berliner Mauer 1989 hatten vorstellen können, und sei es nur, weil dieses durch das Zusammenwirken mit dem spekulativen Finanzkapitalismus weitgehend seines Inhalts und seiner Attraktivität beraubt wurde. Aber überall auf der Welt erhebt man sich noch immer im Namen der Demokratie, wovon beispielsweise die arabischen Revolutionen zeugen, so unvollendet und zwiespältig sie sein mögen.

- Es rückt also durchaus in den Bereich des Denkbaren, mit allen diktatorischen oder korrupten Mächten Schluss zu machen, vor allem dank der Zunahme an demokratischen Grunderfahrungen und dank des verstärkten Informationsflusses.

- Das Ende des Kolonialzeitalters und der Rückgang des Eurozentrismus öffnen den Weg zu einem wirklichen Dialog der Zivilisationen, der wiederum das Entstehen eines neuen Universalismus ermöglicht. Eines mehrstimmigen Universalismus, eines Pluriversalismus.
  Dieser plurale Universalismus entsteht dank der Zuerkennung gleicher Rechte und einer endlich erreichten Gleichstellung von Mann und Frau.

- Er ist sowohl Ausdruck wie Ergebnis neuer Formen der Partizipation und der Sachkenntnis informierter Bürger mit einem nunmehr globalen ökologischen Bewusstsein. Sie führen die Frage des »guten Lebens«, der

»Entwicklung« oder des »Wachstums« in die öffentliche Debatte ein.

- Die Informations- und Kommunikationstechnologien vervielfachen die Möglichkeiten persönlicher Kreativität und Verwirklichung, ob im Bereich der Kunst, der Wissenschaft, der Erziehung, der Gesundheit, der Teilnahme an den Belangen des Gemeinwesens, des Sports oder der menschlichen Beziehungen überall in der Welt.

- Das Beispiel von Wikipedia oder Linux zeigt das Ausmaß dessen, was auf dem Gebiet der Erfindung und des Austauschs von Praktiken und Kenntnissen möglich ist.

- Die Ausbreitung dezentraler und autonomer Produktionsweisen und Austauscharten ermöglicht den »ökologischen Wandel«, besonders im Rahmen der sozialen und solidarischen Ökonomie, in der das Engagement der Frauen eine entscheidende Rolle spielt.

- Die Ausrottung des Hungers und der Armut ist ein nunmehr erreichbares Ziel, unter der Bedingung einer gerechteren Verteilung der vorhandenen materiellen Ressourcen im Rahmen der Entstehung neuer Bündnisse zwischen den Akteuren des Nordens und des Südens.

Usw.

Kapitel I
Die zentrale Herausforderung

Keine der Verheißungen der Gegenwart kann in Erfüllung gehen, wenn es uns nicht gelingt, die auf uns einstürmenden Gefahren aller Art zu bewältigen. Die ersten dieser Gefahren sind hauptsächlich materieller, technischer, ökologischer und ökonomischer Art. Man kann sie als *entropische* Gefahren bezeichnen. Trotz der enormen Probleme, die sie aufwerfen, könnte man ihnen im Prinzip vielleicht allen auf die gleiche Art begegnen. Was uns daran hindert, ist zunächst die Tatsache, dass viele von ihnen noch nicht für uns alle unmittelbar offenkundig sind und dass es schwierig ist, sich gegen zum Teil unbestimmte Risiken mit ungewissem Fälligkeitsdatum zu engagieren. Ein solches Engagement ist nur im Rahmen einer Zukunftsethik denkbar. Doch was uns noch tiefgreifender lähmt, ist die Tatsache, dass wir noch weit unfähiger sind, uns Antworten auf die zweite Art von Gefahren auch nur vorzustellen. Nämlich auf die Gefahren moralischer und politischer Art, die man als *anthropisch* bezeichnen könnte.

Die Mutter aller Bedrohungen

Wir müssen also einer ebenso offensichtlichen wie dramatischen Schlussfolgerung ins Auge sehen.

Zwar hat die Menschheit gewaltige technische und wissenschaftliche Fortschritte erzielt, konnte jedoch ihr größtes Problem noch immer nicht lösen: Wie mit der Rivalität und der Gewalt zwischen den Menschen umgehen? Wie sie dazu bewegen, zusammenzuarbeiten, um sich weiterzuentwickeln, wobei jeder das Beste von sich selbst gibt, sodass es möglich wird, einander zu widersprechen, ohne einander niederzumetzeln? Wie lässt sich die heute grenzenlose und potentiell selbstzerstörerische Anhäufung von Macht über Mensch und Natur verhindern? Ohne eine rasche Antwort auf diese Fragen wird die Menschheit untergehen. Dabei sind alle materiellen Voraussetzungen für ihren Wohlstand gegeben, sofern man sich endgültig ihrer Endlichkeit bewusst wird.

Die bestehenden Antworten

Zur Lösung dieses Problems stehen uns viele Bausteine zur Verfügung: all jene, die im Laufe der Jahrhunderte von den Religionen, den Morallehren, den politischen Doktrinen, sowie den Geistes- und Sozialwissenschaften vorgelegt wurden, sofern sie nicht einem bald machtlosen, bald mörderischen Sektierertum, Moralismus und Idealismus oder schließlich einem unfruchtbaren Szientismus verfielen. Alle diese wertvollen Elemente sollten so schnell wie möglich zusammengetragen und in einer Weise erklärt werden, dass all jene in der Welt – die große Mehrheit – sie verstehen und teilen können, die ihre Hoffnungen schwinden sehen, unter den derzeitigen Entwicklungen leiden oder sie fürchten und die, ein jeder in seinem Bereich und nach seinen Möglichkeiten, zum Schutz und zur Rettung der Welt und der Menschheit beitragen wollen.

Es gibt unzählige Initiativen in dieser Richtung, die von Tausenden von Organisationen oder Vereinigungen und von vielen Millionen Menschen getragen werden. Sie erscheinen unter unendlich vielfältigen Namen, in unendlich vielfältigen Formen und Größen: Verteidigung der Menschenrechte, der Rechte der Frauen, der Bürger, der Arbeiter, der Arbeitslosen oder der Kinder; auf Solidarität gründende Sozialwirtschaft mit all ihren Komponenten: Produktions- oder Verbrauchergenossenschaften, Fairer Handel, Parallel- oder Komplementärwährungen, lokale

Tauschsysteme, vielfältige Vereine gegenseitiger Hilfe; die digitale Ökonomie der Beteiligung (vgl. Linux, Wikipedia usw.); Wachstumsrücknahme und Post-Development; Bewegungen wie *slow food, slow town, slow science*; die Forderung nach *buen vivir*, die Bekräftigung der Rechte der Natur und das Lob der *Pachamama*; die Globalisierungskritik, politische Ökologie und radikale Demokratie, die *indignados, Occupy Wall Street*; die Suche nach alternativen Reichtumskriterien, Bewegungen der persönlichen Veränderung, des freiwilligen Maßhaltens, des bescheidenen Überflusses, des Dialogs der Kulturen, die *care-ethics*, die neuen Konzepte der *Commons* usw.

Damit diese wertvollen Initiativen in der Lage sind, der tödlichen Dynamik unserer Zeit mit hinreichender Kraft entgegenzuarbeiten und nicht in die Rolle des bloßen Protests oder einer Notlösung abgedrängt werden, ist es notwendig, ihre Kräfte und Energien zu bündeln und ihre Gemeinsamkeiten hervorzuheben.

Gemeinsam ist ihnen die Suche nach einem *Konvivialismus* (einigen wir uns auf diesen Terminus, da wir eine gemeinsame Minimaldoktrin benennen müssen), einer Kunst des Zusammenlebens (*con-vivere*), die die Beziehung und die Zusammenarbeit würdigt und es ermöglicht, einander zu widersprechen, ohne einander niederzumetzeln, und gleichzeitig für einander und für die Natur Sorge zu tragen. Es geht auch darum, einander zu widersprechen, denn es wäre nicht nur illusorisch, sondern auch verhängnisvoll, eine Gesellschaft errichten zu wollen und dabei die Konflikte zwischen den Gruppen und den Individuen zu ignorieren. Solche Konflikte gibt es notwendiger- und natürlicherweise in jeder Gesellschaft. Nicht nur, weil sich überall und immer Interessen und Ansichten zwischen Eltern und Kindern, Älteren und Jüngeren, Männern und Frauen, zwischen den Ärmsten und den Reichsten, den Mächtigsten und den Ohnmächtigen, den Glückspilzen und den Pechvögeln usw. unterscheiden, sondern weil ganz allgemein jeder Mensch danach strebt, in seiner Besonderheit anerkannt zu werden, was einen bestimmten Anteil an Rivalität mit sich bringt, der ebenso mächtig und fundamental ist wie das ebenfalls gemeinsame Streben nach Eintracht und Zusammenarbeit.

Eine gesunde Gesellschaft versteht es, dem Wunsch nach Anerkennung aller ebenso gerecht zu werden wie dem Anteil an Rivalität, dem Streben, ständig über sich selbst hinauszuwachsen und sich dem damit verbundenen Risiko zu öffnen; gleichzeitig versteht sie es zu verhindern, dass sich dieses Streben in Maßlosigkeit, in *Hybris* verwandelt, indem sie im Gegenteil die kooperative Öffnung zu den anderen fördert. Sie schafft Raum für die Vielfalt der Individuen, Gruppen, Völker, Staaten und Nationen, wobei sie sicherstellt, dass die Pluralität nicht in einen Krieg aller gegen alle ausartet. Mit einem Wort: Es gilt, den Konflikt zu einer Kraft des Lebens und nicht des Todes und die Rivalität zu einem Mittel der Zusammenarbeit zu machen, zu einer Waffe gegen die zerstörerische Gewalt.

Wir müssen heute den Versuch unternehmen, zu verwirklichen, was seit Beginn der Menschheitsgeschichte angestrebt wurde: eine dauerhafte, sowohl ethische, ökonomische, ökologische wie politische Grundlage des gemeinsamen Lebens. Eine Grundlage, die noch nie wirklich gefunden oder aber allzu oft vergessen wurde. Gesucht wird sie unter Berufung auf das Heilige, sowohl in den ursprünglichen Religionen als auch in den großen Weltreligionen oder den Quasi-Religionen: Taoismus, Hinduismus, Buddhismus, Konfuzianismus, Judentum, Christentum, Islam. Gesucht wird sie auch unter Berufung auf die Vernunft in allen großen Philosophien oder in den weltlichen und humanistischen Morallehren. Und gesucht wird sie schließlich unter Berufung auf die Freiheit in den großen politischen Ideologien der Moderne: Liberalismus, Sozialismus, Kommunismus oder Anarchismus. Was sich jedes Mal und je nach der jeweiligen Ebene ändert, ist die mehr oder weniger starke Betonung der Pflichten und Hoffnungen, die dem Individuum (Moral), dem Kollektiv (Politik), dem Verhältnis zur Natur (Ökologie), zum Übernatürlichen (Religion) oder zum materiellen Wohl (Ökonomie) zugeschrieben werden. Denn es ist nicht dasselbe, zu erlernen, mit einigen wenigen Menschen in Anerkennung von Gemeinsamkeiten und nicht-zerstörerischen Unterschieden zusammen zu leben oder dieses von Tausenden von Millionen Menschen zu erwarten.

Kapitel II
Die vier (und eine) Grundfragen

Dazu aber bedarf es dringend einer minimalen Doktrin, die von allen geteilt werden kann und die es ermöglicht, auf mindestens vier, für den ganzen Planeten geltende Grundfragen zu antworten:

- *Die moralische Frage*: Was dürfen die Individuen erhoffen und was müssen sie sich untersagen?
- *Die politische Frage*: Welche Gemeinschaften sind politisch legitim?
- *Die ökologische Frage:* Was dürfen wir der Natur entnehmen und was müssen wir ihr zurückgeben?
- *Die ökonomische Frage*: Wie viel Reichtum dürfen wir produzieren und auf welche Weise, um in Einklang mit den Antworten zu bleiben, die auf die moralische, politische, und ökologische Frage gegeben wurden?
- Jedem steht es frei, diesen vier Fragen eine weitere hinzuzufügen, nämlich die nach dem Verhältnis zum

Übernatürlichen oder Unsichtbaren: *die religiöse oder spirituelle Frage.*

Wir müssen feststellen, dass keine der herkömmlichen religiösen oder weltlichen Lehren eine befriedigende Antwort *gleichzeitig* auf diese vier (oder fünf) Fragen gibt. Und noch weniger eine befriedigende Antwort auf die derzeitigen weltweiten Herausforderungen. Die Religionen *als solche* haben Mühe, ihre Botschaft über die richtige Politik, die richtige Ökonomie oder die richtige Ökologie zu aktualisieren. Umgekehrt schweigen die modernen politischen Ideologien *als solche* – Liberalismus, Sozialismus, Kommunismus oder Anarchismus – meist zu der moralischen und der ökologischen Frage. Alle haben vorausgesetzt, dass die Konflikte zwischen den Menschen von der materiellen Knappheit und von der Schwierigkeit herrühren, die materiellen Bedürfnisse zu befriedigen. Sie halten die Menschen für bedürftige, nicht für begehrende Wesen. Folglich setzten sie ihre Hoffnungen auf ein unendliches ökonomisches Wachstum, von dem sie annahmen, es könnte auf der Erde den ewigen Frieden bringen. Doch dieses Postulat ist nicht (oder nicht mehr) haltbar. Das Streben nach unendlichem ökonomischen Wachstum schürt ebenso viele oder noch mehr Konflikte zwischen den Menschen, als es beilegt. Und vor allem berücksichtigt es nicht die heute offenkundige Endlichkeit des Planeten und seiner natürlichen Ressourcen. Ob das grenzenlose ökonomische Wachstum nun an sich wünschenswert ist oder nicht, es kann nicht die dauerhafte Lösung der Konflikte zwischen den Menschen sein. Bei einer durchschnittlichen Wachstumsrate von zum Beispiel jährlich 3,5 % würde das Welt-Bruttoinlandsprodukt innerhalb eines Jahrhunderts auf das 31-fache anwachsen. Kann man sich vorstellen, dass 31-mal mehr Erdöl oder Uran verbraucht oder 31-mal mehr CO_2 im Jahr 2100 produziert werden als heute?

neue Sektoren + Scheinwerte

Einige Denkaufgaben

Das wachsende Unvermögen der Parteien und der politischen Institutionen, sich den Problemen unserer Zeit zu stellen und das Vertrauen der Mehrheit zu gewinnen oder auch nur zu behalten, erklärt sich aus der Unfähigkeit, das demokratische Ideal neu zu definieren – das einzig annehmbare, weil es als einziges der Opposition und dem Konflikt gerecht wird –, und mit dem doppelten Postulat zu brechen, das noch immer das gewöhnliche politische Denken beherrscht. Jenes Denken, das der Regierungspolitik zugrunde liegt, das einzige, das heute an die Macht zu gelangen vermag:

- das Postulat des absoluten Vorrangs der ökonomischen Probleme vor allen anderen;

- das Postulat des grenzenlosen Reichtums an natürlichen Ressourcen (oder ihren technischen Surrogaten).

Für die Probleme von heute und morgen haben die politischen Institutionen in ihren verschiedenen Formen also lediglich Antworten von gestern anzubieten.

Das Gleiche gilt für die intellektuelle und wissenschaftliche Welt, besonders für das Gebiet der Sozialwissenschaften sowie der politischen und der Moralphilosophie. Von diesem Gebiet aus – denn zu diesem gehören wir und können deshalb die Schwäche seiner theoretischen Werkzeuge beurteilen – übernehmen wir die Verantwortung, dieses Manifest zu verfassen. In der Hoffnung, dass es in den anderen Bereichen ein Echo findet.

Denn es ist wichtig zu verstehen, dass der allgemeinen Ökonomisierung der Welt und der Unterordnung aller menschlichen Tätigkeiten unter eine kommerzielle oder quasikommerzielle Norm – unter der Ägide dessen, was man allgemein den Neoliberalismus nennt – eine gleichsam von vornherein legitimierte Revolution, oder Konterrevolution, vorausgegangen ist, die sich in der Welt des ökonomischen, politischen und sozialen Denkens vollzog. Eine intellektuelle Konterrevolution, die in der Vorstellung eines »Endes der Geschichte« gipfelte, das den weltweiten Sieg des alle menschlichen Tätigkeiten erfassenden Marktes und einer einzig diesem Zweck untergeordneten demokratischen Ordnung bringen würde. Bis zu den 1970er Jahren beschränkte sich der Ehrgeiz der Wirtschaftswissenschaften darauf zu erklären, was auf dem Markt der Güter und Dienstleitungen vor sich geht, und sich dazu auf die Figur des *homo oeconomicus* zu berufen – d.h. auf die Hypothese, dass die Menschen in der Sphäre des Markts betrachtet werden müssen, *als wären sie* getrennte Individuen, die einander gleichgültig sind und einzig darauf bedacht, ihren persönlichen Vorteil zu maximieren. Danach begannen sie hingegen, die potentielle Gültigkeit ihrer Erklärungen auf die Gesamtheit der sozialen menschlichen Tätigkeiten auszudehnen. Von nun an sollte alles mit rationalen wirtschaftlichen Berechnungen monetärer oder symbolischer Rentabilität zu erklären sein. Die anderen Sozialwissenschaften folgten im Wesentlichen dem Beispiel der Ökonomen. Und was die politische Philosophie betrifft, so richtete sie sich in erster Linie an der Frage aus, wie Gerechtigkeitsnormen zu definieren seien und wie man dafür sorgen könne, dass »rationale«, d.h. einander gleichgültige Individuen sie akzeptieren.

Seit Anfang der 1980er Jahre setzt sich also im Bereich der Wissenschaft und Philosophie eine rein ökonomische Sicht der gesellschaftlichen und sogar der natürlichen Welt durch. Seitdem ist in der angelsächsischen Welt – und tendenziell in immer mehr Ländern – der Zerstörung aller sozialen und politischen Regulierungen zugunsten der alleinigen kommerziellen Regulierungen Tür und Tor geöffnet. Denn wenn die Menschen lediglich ökonomische Wesen sind, welch andere Sprache könnten sie dann verstehen, wenn nicht die des individuellen Interesses, des Feilschens, des Tauschgeschäfts und des Vertrags?

Aus diesem Postulat entwickelt sich das *Neomanagement* und verbreitet sich überall in der Welt, einschließlich des öffentlichen Sektors. Wenn man annimmt, dass es keinerlei intrinsische Arbeitsmotivation gibt, dann geschieht nichts aus einem Gefühl der Pflicht, aus Solidarität oder aus Freude an gut gemachter Arbeit und dem Wunsch, etwas zu schaffen, dann braucht man tatsächlich nur die »äußerlichen Motivationen« zu aktivieren, d.h. das Streben nach Gewinn und hierarchischem Aufstieg. Die *libido dominandi*. *Benchmarking* und ständiges *reporting* werden nun zu den Grundwerkzeugen des *lean management* und der Verwaltung durch Stress.

Nach und nach sehen sich auch alle Bereiche des Daseins bis hin zu den Affekten und den Freundschafts- oder Liebesbeziehungen einer buchhalterischen, technischen und betriebswirtschaftlichen Logik unterworfen.

Genauer gesagt: Wenn das einzige Ziel des Daseins letztlich darin besteht, soviel Geld wie möglich zu verdienen, weshalb sollte man es dann nicht möglichst schnell mit Hilfe der Finanzspekulation tun? Folglich bahnte die Verallgemeinerung der kommerziellen Norm allmählich der Norm der maximalen spekulativen Rentabilität den Weg. Was 2008 in die Subprime-Krise mündete, von der man befürchten muss, dass sie zu noch viel heftigeren und schmerzhafteren »Antworten« führen wird.

Wenn das einzige legitime und gesellschaftlich anerkannte Ziel der Menschen, dasjenige, das alle anderen beherrscht, darin besteht, sich soviel wie möglich zu bereichern, darf man sich nicht wundern, dass überall in der Welt durch zunehmende Absprachen der politischen und Finanzklassen ein Klima immer größerer Korruption entsteht, Ursache wie Wirkung der Verallgemeinerung der spekulativen Normativität.

Die Standardwirtschaftswissenschaft ist dafür verantwortlich, weitgehend dazu beigetragen zu haben, die Welt zu formen, die zu beschreiben und zu erklären sie vorgab. Denn sie hat dazu beigetragen, dem *homo oeconomicus* immer mehr Realität beizumessen, zum Nachteil aller anderen Komponenten dessen, was die Menschheit ausmacht. Und gleichzeitig hat sie sich natürlich als unfähig erwiesen, plausible Lösungen für die Katastrophe zu finden, zu deren Entstehung sie beigetragen hat. Hinzuzufügen ist noch, dass sie sich als ebenso unfähig erweist, der Endlichkeit der Natur Rechnung zu tragen, da sie voraussetzt, dass sich die erschöpften oder zerstörten natürlichen Ressourcen immer durch die von der Wissenschaft und der Technik erzeugten Ressourcen werden ersetzen lassen. Eine vorrangige intellektuelle und theoretische Aufgabe besteht also darin, die Wirtschaft und die Wirtschaftswissenschaft in ihre Schranken zu verweisen und insbesondere den Blick letzterer wieder auf all die Teile der Realität zu richten, die sie bewusst oder unbewusst vernachlässigt hatte.

Ebenfalls vorranging ist es, die Entwicklung der Geistes- und Sozialwissenschaften sowie einer politischen und Moralphilosophie zu fördern, die endgültig gegen den Virus des rein Ökonomischen geimpft und endlich in der Lage sind, im menschlichen Wesen entschieden etwas anderes zu sehen als einen bloßen *homo oeconomicus*, und sich somit der Probleme in ihrem ganzen Ausmaß bewusst zu werden, die der legitime Wunsch aller Menschen nach einer gerechten Anerkennung unweigerlich hervorruft. Wie vermeiden wir, dass sich diese Kämpfe um Anerkennung nicht wie so häufig auf Machtkämpfe und auf narzisstische Konfrontationen beschränken, die die Sache gefährden, in deren Namen sie angeblich ausgefochten werden?

Ein sinnvoller Ausgangspunkt ist die Annahme, dass das Wohl aller über den Aufbau einer Gesellschaft der »Fürsorglichkeit« (*care*) und die Entwicklung einer öffentlichen Politik führt, die die Arbeit für andere wertschätzt und diejenigen fördert, die sich Aufgaben der Fürsorge widmen. Die Fürsorglichkeit – die historisch vorrangig den Frauen zufiel – ist eine Angelegenheit aller Menschen, weil sie das offenkundigste Zeichen der Tatsache ist, dass keiner sich allein entwickelt und wir alle voneinander abhängig sind. Die Fürsorglichkeit und die Gabe sind die konkrete und unmittelbare Umsetzung der allgemeinen Abhängigkeit des Menschen in die Praxis.

Schließlich müssen wir lernen, über eine dauerhaftere Beziehung zur Natur, aber auch zur Kultur nachzudenken. Und dies impliziert, dass wir uns entschlossen von dem alleinigen Horizont des Augenblicks oder der Kurzfristigkeit verabschieden und uns nicht nur in die Zukunft projizieren, sondern uns auch unsere Vergangenheit wieder aneignen: die Vergangenheit der ganzen Menschheit in der Vielfalt all ihrer kulturellen Traditionen. Es geht darum, einen neuen, radikalisierten und erweiterten Humanismus zu erfinden, und das bedeutet die Entwicklung neuer Formen der Menschlichkeit.

Kapitel III
Über Konvivialismus

Konvivialismus ist der Name, der allem gegeben wurde, was in den bestehenden weltlichen oder religiösen Lehren zur Suche nach Prinzipien beiträgt, die es den Menschen ermöglichen, sowohl zu rivalisieren wie zu kooperieren, und zwar im vollen Bewusstsein der Endlichkeit der natürlichen Ressourcen und in der geteilten Sorge um den Schutz der Welt. Und im Bewusstsein unserer Zugehörigkeit zu dieser Welt. Er ist keine neue Lehre, die sich den anderen überstülpen würde, mit dem Anspruch, sie abzuschaffen oder sie radikal zu überholen. Er ist die Bewegung ihrer gegenseitigen Befragung, die auf dem Gefühl der extremen Dringlichkeit angesichts der möglichen Katastrophe beruht. Er will das Wertvollste jeder der überkommenen Lehren bewahren. Was ist das Wertvollste? Und wie definieren und erfassen wir es? Auf diese Frage kann – und darf – es keine eindeutige Antwort geben. Darüber muss jeder Einzelne befinden. Dennoch gibt es ein entscheidendes Kriterium dafür, was wir von jeder Lehre im Hinblick auf Universalisierung (oder Pluriversalisierung) unter dem doppelten Zwang der möglichen Katastrophe und der Hoffnung auf eine verheißungsvolle Zukunft festhalten können. Festzuhalten von jeder Lehre ist mit Sicherheit alles, was es ermöglicht, den Konflikt zu beherrschen, um zu vermeiden, dass er in Gewalt ausartet, und unter dem Zwang der begrenzten Ressourcen zusammenzuarbeiten; sowie alles, was sich – unter der Annahme der möglichen Plausibilität der von anderen Lehren gefundenen Antworten auf ebendiese Frage – zum Dialog und zur Gegenüberstellung eignet.

Diese Überlegungen genügen, um die allgemeinen Umrisse einer universalisierbaren Lehre aufzuzeigen, die den dringlichen Problemen von heute angepasst ist, auch wenn ihre konkrete Anwendung notwendig lokal und situationsabhängig sein wird. Und auch wenn es auf der Hand liegt, dass es ebenso viele möglicherweise umstrittene Varianten des Konvivialismus geben wird wie Varianten des Buddhismus, des Islams, des Christentums, des Judentums, des Liberalismus, des Sozialismus, des Kommunismus usw. Sei es nur, weil er letztere in keiner Weise aufhebt.

Allgemeine Überlegungen

Die einzige legitime Politik ist diejenige, die sich auf das Prinzip einer gemeinsamen Menschheit, einer gemeinsamen Sozialität, der Individuation und der Konfliktbeherrschung beruft.

Prinzip der gemeinsamen Menschheit: Unabhängig von den Unterschieden der Hautfarbe, der Nationalität, der Sprache, der Kultur, der Religion oder des Reichtums, des Geschlechts oder der sexuellen Orientierung gibt es nur eine Menschheit, die in der Person jedes ihrer Mitglieder geachtet werden muss.

Prinzip der gemeinsamen Sozialität: Die Menschen sind gesellschaftliche Wesen, deren größter Reichtum in ihren sozialen Beziehungen besteht.

Prinzip der Individuation: Im Sinne dieser beiden ersten Prinzipien ist die legitime Politik diejenige, die es jedem Einzelnen ermöglicht, seine besondere Individualität zu entwickeln, indem er seine *Fähigkeiten* entfaltet, sein Vermögen, zu sein und zu handeln, ohne den anderen zu schaden, im Hinblick auf eine für alle *gleiche Freiheit*.

Prinzip der Konfliktbeherrschung: Weil jeder Einzelne berufen ist, seine besondere Individualität zum Ausdruck zu bringen, ist es natürlich, dass die Menschen gegeneinander opponieren können. Aber das dürfen sie legitimerweise nur tun, solange es den Rahmen der gemeinsamen Sozialität nicht gefährdet, dank der diese Rivalität schöpferisch und nicht zerstörerisch wird. *Die richtige Politik* ist also diejenige, die es den Menschen ermöglicht, sich zu unterscheiden und dabei den Konflikt zu akzeptieren und zu beherrschen.

Kapitel IV
Moralische, politische, ökologische und ökonomische Überlegungen

Legen wir das Minimum dieser allgemeinen Überlegungen im Einzelnen dar:

Moralische Überlegungen

Jeder Einzelne darf hoffen, dass ihm eine ebenso große Würde zuerkannt wird wie allen anderen Menschen und dass ihm hinreichende materielle Bedingungen zugänglich sind, um seine Auffassung vom guten Leben, unter Berücksichtigung der Auffassungen anderer, zu verwirklichen, und sich um die Anerkennung der anderen zu bemühen, *Verständnis* indem er, wenn er es wünscht, am politischen Leben und an allen Entscheidungen teilnimmt, die seine Zukunft und die seiner Gemeinschaft betreffen.

Es ist ihm untersagt, im infantilen Wunsch nach Allmacht (der griechischen Hybris) der Maßlosigkeit zu verfallen, d.h. das Prinzip der gemeinsamen Menschheit zu verletzen und die gemeinsame Sozialität unter dem Vorwand zu gefährden, irgendeiner höheren Art anzugehören, oder dadurch, dass er eine solche Menge an Gütern oder eine solche Machtfülle an sich reißt und monopolisiert, dass die soziale Existenz aller Schaden nimmt.

Konkret ist es jedermanns Pflicht, die Korruption zu bekämpfen. *Passiv* bedeutet das, es abzulehnen, im Privatleben, bei der Arbeit oder generell in allen Tätigkeiten etwas für Geld (oder Macht oder institutionelles Ansehen) zu tun, was das Gewissen verurteilt; und sich auf diese Weise von dem, was man für richtig und wünschenswert erachtet, abbringen zu lassen. *Aktiv* bedeutet es, je nach eigenen Mitteln und eigenem Mut die Korruption bei anderen zu bekämpfen.

Politische Überlegungen

Es ist illusorisch, in absehbarer Zukunft die Errichtung eines einzigen Weltstaats zu erwarten. Die herrschende Organisationsform wird also für lange Zeit die vieler Staaten bleiben – seien sie national, plurinational, prä- oder postnational –, auch wenn, insbesondere in Europa, nach neuen politischen Formen gesucht wird und auch wenn es viele andere Arten politischen Handelns gibt, namentlich über die Verbände und die NGOs. In konvivialistischer Hinsicht kann ein Staat oder eine Regierung oder eine neue politische Institution nur dann als legitim gelten, wenn sie:

- die vier Prinzipien der gemeinsamen Menschheit, der gemeinsamen Sozialität, der Individuation und der Konfliktbeherrschung beachtet und wenn sie die Umsetzung der daraus folgenden moralischen, ökologischen und ökonomischen Überlegungen erleichtert.
- Diese Prinzipien sind Teil einer Verallgemeinerung bürgerlicher und politischer, aber auch wirtschaftlicher, sozialer, kultureller und ökologischer Rechte. Sie knüpfen an den Geist der Erklärung von Philadelphia an, in der 1944 die Ziele der Internationalen Arbeitsorganisation (ILO) neu definiert wurden und die im Artikel II bestimmte: »Alle Menschen, ungeachtet ihrer Rasse, ihres Glaubens und ihres Geschlechts, haben das Recht, materiellen Wohlstand und geistige Entwicklung in Freiheit und Würde, in wirtschaftlicher Sicherheit und unter gleich günstigen Bedingungen zu erstreben.« Eine richtige Politik ist eine Politik der Würde.

Insbesondere garantieren legitime Staaten ihren ärmsten Bürgern ein Minimum an Ressourcen, ein *Mindesteinkommen*, in welcher Form auch immer, das sie vor der Schande der Verelendung schützt, und untersagen es den Reichsten nach und nach mit Hilfe der Einführung eines *Höchstein-kommens*, der Schande des extremen Reichtums anheimzu-fallen und ein Niveau zu überschreiten, das die Prinzipien der gemeinsamen Menschheit und der gemeinsamen Sozialität untergräbt. Dieses Niveau kann relativ hoch sein, darf jedoch nicht über das hinausgehen, was der <u>Anstand</u> gebietet *(common decency)*.

- Sie achten auf das rechte Gleichgewicht zwischen priva-ten, gemeinsamen, kollektiven und öffentlichen Gütern und Interessen.
- Sie sorgen oberhalb und unterhalb der Ebene des Staa-tes und des Markts für die Vermehrung gemeinsamer und assoziativer Tätigkeiten, die grundlegend sind für eine globale Zivilgesellschaft, in der das Prinzip der Selbstverwaltung in einer Vielzahl von Räumen bürger-schaftlichen Engagements diesseits und jenseits der Staaten und Nationen wieder zu seinem Recht kommt.
- Sie erkennen in den zahlreichen digitalen Netzen, von denen das Internet eines der wichtigsten, aber nicht das einzige ist, ein mächtiges Werkzeug zur Demokratisie-rung der Gesellschaft und zum Auffinden von Lösun-gen, zu deren Generierung weder der Markt noch der Staat in der Lage war. Indem sie diese Netze als Gemein-eigentum behandeln, fördern sie sie durch eine Politik der Öffnung, des kostenlosen Zugangs, der Neutralität und des Teilens.

- Durch die Umsetzung einer Politik zum Schutz der Gemeingüter, die in den traditionellen Gesellschaften existieren, und einer Politik, die die Entstehung, die Konsolidierung und die Ausweitung neuer Gemeingüter der Menschheit fördert, erneuern sie das alte Erbe der öffentlichen Dienste von Grund auf.

Ökologische Überlegungen

Die Menschen können sich nicht länger als Besitzer und Herren der Natur betrachten. Weit davon entfernt, ihr entgegenzustehen, sind sie vielmehr ein Teil von ihr, und sie müssen, zumindest metaphorisch, zu einer Beziehung von Gabe und Gegengabe mit ihr zurückfinden. Um in der Gegenwart eine ökologische Gerechtigkeit und den künftigen Generationen ein geschütztes natürliches Erbe zu ermöglichen, müssen sie deshalb der Natur ebenso viel oder mehr zurückgeben, als sie ihr entnehmen oder von ihr erhalten.

- Das Niveau des weltweit universalisierbaren materiellen Wohlstands entspricht annähernd demjenigen der reichsten Länder um das Jahr 1970, vorausgesetzt, man erreicht es mit den heutigen Produktionstechniken. Da von den Ländern, die seit Jahrhunderten der Natur am meisten entnommen haben, und denen, die erst damit beginnen, nicht die gleiche ökologische Anstrengung verlangt werden kann, obliegt es den wohlhabendsten, dafür zu sorgen, dass ihre Naturentnahmen im Vergleich zu den Standards der 1970er Jahre regelmäßig sinken. Wenn sie ihre derzeitige Lebensqualität bewahren wollen, muss der technische Fortschritt vorrangig diesem Ziel gelten, um den Raubbau maßgeblich zu verringern.

- Absolute Priorität hat die Senkung des CO_2-Ausstoßes und die Nutzung der erneuerbaren Energien anstelle der Kernkraft und der fossilen Energien.
- Die Beziehung von Gabe und Gegengabe sowie der wechselseitigen Abhängigkeit muss insbesondere gegenüber den Tieren gelten, die nicht länger als Industriematerial betrachtet werden dürfen; und allgemeiner gegenüber der Erde.

Ökonomische Überlegungen

Es gibt keine erwiesene Korrelation zwischen monetärem oder materiellem Reichtum einerseits und Glück oder Wohlergehen andererseits. Der ökologische Zustand des Planeten macht es erforderlich, alle nur möglichen Formen eines Wohlstands ohne Wachstum zu erforschen. Im Sinne einer pluralen Ökonomie ist es daher notwendig, zu einem Gleichgewicht zwischen Markt, öffentlichem Sektor und einer Ökonomie assoziativen (sozialen oder solidarischen) Typs zu gelangen, je nachdem, ob die zu produzierenden Güter oder Dienstleistungen individuell, kollektiv oder gemeinschaftlich sind.

- Der Markt und das Streben nach monetärer Rentabilität sind völlig legitim, solange sie – vor allem über die (sozialen und) gewerkschaftlichen Rechte – die Postulate der gemeinsamen Menschheit und der gemeinsamen Sozialität beachten und mit den genannten ökologischen Überlegungen in Einklang stehen.

- Vorrangig ist der Kampf gegen die spekulativen Auswüchse der Finanzwirtschaft, die Hauptursache der kapitalistischen Maßlosigkeit. Daraus folgt, dass die Abkoppelung der Realwirtschaft von der Finanzwirtschaft verhindert werden muss, indem man die Banktätigkeit und die Finanz- wie die Rohstoffmärkte streng reguliert, die Größe der Banken begrenzt und den Steuerparadiesen ein Ende setzt.

- Damit wird die effektive Entwicklung aller menschlichen Reichtümer ermöglicht, die sich keineswegs auf den wirtschaftlichen, materiellen oder monetären Reichtum beschränken. Dazu gehören auch der Sinn für erfüllte Pflicht, Solidarität oder das Spiel sowie alle Formen der Kreativität auf künstlerischem, technischem, wissenschaftlichem, literarischem, theoretischem oder sportlichem Gebiet usw. Kurz, der ganze Reichtum, der mit der einen oder anderen Form von Unentgeltlichkeit oder Kreativität sowie mit der Beziehung zu den anderen einhergeht.

Kapitel V
Und konkreter?

Eine universalisierbare konviviale Gesellschaft aufzubauen, die das Ziel verfolgt, allen einen hinreichenden Wohlstand zu sichern, ohne ihn von einem unmöglich und gefährlich gewordenen stetigen starken Wachstum zu erwarten, und deshalb alle Formen von Schrankenlosigkeit und Maßlosigkeit zu bekämpfen, ist eine beträchtliche Herausforderung. Und die Aufgabe ist mühsam und riskant. Es soll nicht verschwiegen werden, dass man, um erfolgreich zu sein, gewaltigen und furchterregenden Mächten entgegentreten muss, Mächten sowohl finanzieller, materieller, technischer, wissenschaftlicher oder intellektueller als auch militärischer oder krimineller Art.

Was tun?

Die drei Hauptwaffen gegen diese kolossalen und oft unsichtbaren oder nicht zu lokalisierenden Mächte sind folgende:

- *Die Entrüstung* über die Maßlosigkeit und die Korruption sowie *die Scham*, die all jenen spürbar gemacht werden muss, die direkt oder indirekt, aktiv oder passiv die Prinzipien der gemeinsamen Menschheit und der gemeinsamen Sozialität verletzen.
- *Das Gefühl, Teil einer gemeinsamen Weltgemeinschaft* von Millionen, ja Milliarden von Individuen aller Länder, aller Sprachen, aller Kulturen und Religionen, aller sozialen Schichten zu sein, die am selben Kampf für eine ganz und gar menschliche Welt teilnehmen. Dazu müssen sie über ein gemeinsames Symbol verfügen können, das sie als gegen die Korruption und Schrankenlosigkeit Kämpfende ausweist.
- Über die »rationalen Entscheidungen« hinaus *die Mobilisierung der Affekte und Leidenschaften*. Ohne sie geht nichts. Weder das Schlimmste noch das Beste. Das Schlimmste ist der Aufruf zum Mord, der die totalitären, sektiererischen und fundamentalistischen Leidenschaften schürt. Das Beste ist der Wunsch, weltweit wirklich demokratische, zivilisierte und konvivialistische Gesellschaften zu errichten.

- Auf dieser Grundlage wird es denen, die sich in den Prinzipien des Konvivialismus wiedererkennen, möglich sein, auf die bestehenden politischen Spiele radikal Einfluss zu nehmen und alle ihre Kreativität aufzubieten, um andere Formen zu erfinden: Formen zu leben, zu produzieren, zu spielen, zu lieben, zu denken und zu lehren. Auf konviviale Weise. Indem man miteinander rivalisiert, ohne einander zu hassen und zu vernichten. Mit der Perspektive sowohl der Reterritorialisierung und Relokalisierung wie der Öffnung hin zu einer organisierten Weltzivilgesellschaft. Diese ist schon jetzt im Begriff, in vielfältigen Formen zu entstehen, besonders durch die vielen Facetten der solidarischen Sozialökonomie, über alle Modalitäten der partizipativen Demokratie und der Erfahrung der weltweiten Sozialforen.

- Das Internet, die neuen Technologien und die Wissenschaft werden im Dienst der Errichtung dieser sowohl lokalen wie weltweiten, sowohl tief verwurzelten wie offenen Zivilgesellschaft stehen. Auf diese Weise zeichnet sich ein neuer Progressivismus ab, frei von jedem Ökonomismus und von jedem Szientismus sowie von der automatischen Annahme, dass ein ›Mehr‹ oder ›Neues‹ mit dem Besten identisch ist.

- Um die Einheit des Konvivialismus zu symbolisieren und zu verkörpern, um die Standpunkte einander gegenüberzustellen und konvivialistische Lösungen mit genügend Autorität und Medienecho vorzulegen,

wäre es vielleicht vernünftig, den Entwurf einer Welt-
versammlung auszuarbeiten, in der sich Vertreter der
organisierten Weltzivilgesellschaft, der Philosophie, der
Geistes- und Sozialwissenschaften sowie der verschiedenen ethischen, spirituellen und religiösen Strömun-
gen zusammenfinden, die sich in den Prinzipien des
Konvivialismus wiedererkennen.

Bruch und Übergang

Um von dem Weg abzukommen, der ins wahrscheinliche
Chaos und in die mögliche Katastrophe führt, ist es un-
abdingbar, das Umschlagen der weltweiten öffentlichen
Meinung zu ermöglichen. Die schwierigste Aufgabe, die
dazu erfüllt werden muss, besteht darin, ein Bündel politischer, wirtschaftlicher und sozialer Maßnahmen vorzu-
schlagen, die es der größtmöglichen Zahl von Menschen
ermöglichen, zu ermessen, was sie bei einer neuen konvivialistischen Ausgangssituation (einem *New Deal*) nicht nur
mittel- oder langfristig, sondern sofort zu gewinnen haben.
Schon morgen. Auf diese Frage kann es keine absolut allgemeine Antwort geben. Zu viele Dinge hängen von dem
spezifischen historischen, geographischen, kulturellen und
politischen Kontext eines jeden Landes ab, ob auf regiona-
ler, überregionaler oder übernationaler Ebene. Doch jede

konkrete konvivialistische Politik muss notwendig Folgendes berücksichtigen:

- Das Gebot der Gerechtigkeit und der gemeinsamen Sozialität, was bedeutet, die schwindelerregenden Ungleichheiten zu beseitigen, die zwischen den Reichsten und dem Rest der Bevölkerung seit den 1970er Jahren explosionsartig zugenommen haben, und gleichzeitig – je nach den lokalen Umständen mehr oder weniger schnell – ein Mindesteinkommen sowie ein Höchsteinkommen einzuführen.

- Das Bestreben, die Territorien und Lokalitäten mit Leben zu füllen, folglich all das zu reterritorialisieren und zu relokalisieren, was die Globalisierung zu stark ausgegliedert hat. Gewiss kann es Konvivialismus nur in der Öffnung zu anderen geben, aber es bedarf auch einer hinreichend stabilen inneren Zusammengehörigkeit, damit er Quelle von Vertrauen und Wärme sein kann.

- Die unbedingte Notwendigkeit, die Umwelt und die natürlichen Ressourcen zu schützen; die Antwort darauf darf nicht als zusätzliche Last gesehen werden, sondern im Gegenteil als großartige Gelegenheit, neue Lebensweisen zu erfinden, neue Quellen der Kreativität zu entdecken und den Territorien eine neue Dynamik zu verleihen.

- Die zwingende Pflicht, die Arbeitslosigkeit zu beseitigen und jedem Einzelnen eine anerkannte Funktion und

Rolle in gemeinschaftsdienlichen Tätigkeiten zu bieten. Die Entwicklung einer Politik der Reterritorialisierung und des Kampfs gegen die Zerstörung der Umwelt wird stark dazu beitragen. Doch diese Politik einer Umverteilung der Arbeitsplätze wird sich nur dann ausweiten und all ihre Wirkungen entfalten können, wenn sie mit Maßnahmen zur Verringerung der Arbeitszeit und mit einer starken Förderung der zivilgesellschaftlich organisierten (sozialen und solidarischen) Wirtschaft einhergeht.

In Europa hat sich im Vergleich zu anderen Regionen der Welt aufgrund der unbedachten Beschleunigung einer ökonomischen und monetären Integration, die von keiner politischen und sozialen Integration begleitet wurde, eine zusätzliche Schwäche herausgebildet. Diese Desynchronisierung führt dazu, dass sich viele Länder der europäischen Gemeinschaft im Zustand unerträglicher Ohnmacht und Not befinden. Für welche Lösung man sich auch immer entscheidet, sie muss unbedingt das Ziel verfolgen, in der einen oder anderen Form monetäre Souveränität, politische Souveränität und soziale Souveränität wieder miteinander zu verbinden.

Die konkrete Umsetzung des Konvivialismus muss, je nach Situation, unbedingt die Lebensbedingungen der einfachen Bevölkerung verbessern und gleichzeitig eine Alternative zur heutigen, schweren Gefahren ausgesetzten

Existenzweise aufbauen. Eine Alternative, die nicht länger glauben oder uns einreden will, dass ein unendliches Wirtschaftswachstum noch immer die Antwort auf alle unsere Probleme sein könnte.